DE LA TRÉSORERIE

ET

DE LA COMPTABILITÉ NATIONALES,

DANS

L'ORDRE CONSTITUTIONNEL,

Par A. GOUSSARD, commissaire de la comptabilité nationale, auteur de plusieurs écrits sur les finances.

DE LA TRÉSORERIE

ET

DE LA COMPTABILITÉ NATIONALES,

DANS

L'ORDRE CONSTITUTIONNEL,

Après cinq années d'orages, de combats et d'anarchie, la constitution de l'an 3 sembloit devoir offrir au peuple Français le prix de ses efforts généreux et de ses longues souffrances ; mais, soit qu'elle recélât en elle-même le germe de sa destruction, soit que le caractère, l'esprit et les mœurs de la nation eussent besoin encore des leçons du malheur pour se retremper et se régénérer, nous n'avons pas pu supporter cette constitution. Diverses atteintes lui furent portées à différentes époques, et enfin le 19 brumaire an 8

A

a vu s'écrouler cet édifice construit à si grands frais, et sur lequel on avoit fondé de si douces espérances. Mais la République existe encore, et elle triomphera de tous ses ennemis.

Dans le petit nombre de ceux qui tiennent actuellement les rênes du gouvernement, ou qui nous préparent de nouvelles lois, on en remarque deux qui auront une grande influence sur nos destinées futures. L'un, déja mûri par l'âge et par une grande expérience, célèbre par l'impulsion qu'il donna en 1789 à l'opinion publique, et non moins recommandable par la sagesse de sa conduite dans le cours de la révolution, inspire une juste confiance aux vrais amis de la liberté : la hauteur de ses conceptions, la profondeur de ses idées et la rectitude de son jugement, nous promettent, pour notre organisation sociale, des plans plus heureux et mieux combinés que ceux dont nous avons fait jusqu'à présent les funestes essais. L'autre, plus grand, plus admirable dans les combats, que tous les héros de la Grèce et de Rome, sembloit ne pouvoir plus rien ajouter à la gloire immense dont il est environné ; mais il ambitionne encore un autre genre de gloire : en partageant la puissance consulaire, il veut, par ses conseils autant que par l'éclat de sa renommée, concourir au bonheur de ses concitoyens.

Amis de la royauté, vous à qui les journées des 18 et 19 brumaire ont pu faire concevoir des espérances coupables, réfléchissez et désabusez-vous. Sachez que ceux qui, comme Sieyes, ont les premiers proclamé les droits du peuple, foulé aux pieds d'antiques préjugés, renversé le trône et banni les Tarquins, ne trahiront jamais la cause sacrée de la liberté ; sachez encore que Bonaparte, qui a acquis tant de gloire pour la défendre et pour la faire triompher, n'ira pas flétrir ses lauriers et se couvrir d'opprobre, pour asservir son pays, ou le livrer à un joug étranger.

Intimement convaincu de ces idées, je me livre au doux espoir que nous touchons au terme de nos agitations intestines, et que bientôt nous jouirons d'un gouvernement qui, en assurant notre liberté et nos droits politiques, sera en même temps une source de gloire et de prospérité pour l'Etat.

C'est dans cette confiance que j'essaie aujourd'hui de payer un foible tribut à la chose publique.

Il se prépare en ce moment une constitution nouvelle, qui, quoique fondée sur les mêmes bases que la constitution de l'an 3, offrira peut-être des différences marquées, quant à l'organisation des pouvoirs, et sur différentes parties de l'administration publique.

Mais il est probable que dans cette constitution, comme dans la précédente, on y fera entrer et la trésorerie et la comptabilité nationales. Peut-être se propose-t-on déja d'organiser ces deux établissemens sur un autre plan que celui de l'an 3; on agitera sans doute la question de savoir s'ils doivent, comme par le passé, demeurer indépendans du Pouvoir exécutif; on examinera par qui les administrateurs de la trésorerie nationale et les membres de la comptabilité doivent être nommés; quel sera leur nombre, quelle sera la durée de leurs fonctions, et s'ils seront renouvelés partiellement;

et périodiquement ; enfin on déterminera leurs fonctions et attributions respectives.

Telles sont les questions principales que je me propose de traiter moi-même : je les envisagerai seulement *dans l'ordre constitutionnel*, et j'écarterai de la discussion tous les détails administratifs et réglementaires.

§. Ier.

De la trésorerie nationale.

La trésorerie nationale est le réservoir général dans lequel se versent tous les deniers provenant soit des contributions et emprunts publics, soit des domaines nationaux.

C'est de cette caisse générale que les deniers nationaux se répandent ensuite par une multitude de canaux divers, pour acquitter les dépenses publiques.

Quelle doit être l'action et l'influence du Pouvoir exécutif sur la trésorerie nationale ?

L'administration du trésor public doit être sous la dépendance du pouvoir exécutif.

Comme l'argent est le signe représentatif, ou, pour mieux dire, la véritable source de tous les moyens de force et d'action, il est indispensable que le Pouvoir exécutif ait entièrement à sa disposition cette source de moyens, sans lesquels il lui seroit impossible de gouverner et d'administrer la chose publique. L'autorité exécutive doit être non-seulement chargée de surveiller, mais elle doit avoir la faculté de diriger la recette et l'emploi des deniers publics. Il faut que ceux qui gouvernent aient sur le trésor national une autorité telle qu'ils ne puissent jamais éprouver de résistance ni d'netraves toutes les fois qu'ils ne prescriront que des dispositions conformes à la constitution et aux lois. S'il en étoit autrement, l'impéritie ou la malveillance de quelques administrateurs du trésor public pourroient paralyser l'action du gouvernement, compromettre la sûreté et la tranquillité de l'État.

Le Pouvoir exécutif est *administrateur suprême* de la République, et, à ce titre, toutes les parties de l'administration publique doivent être soumises à son action directe. Or le trésor public étant une partie essentielle de l'administration générale, ne sauroit être distrait du cercle de la puissance exécutive sans rompre l'unité d'action, et sans affoiblir par conséquent la force du gouvernement.

Il paroît donc nécessaire que l'administration du trésor public soit sous la direction et sous la dépendance immédiate du Pouvoir exécutif.

Ces principes ne furent point contestés par l'Assemblée constituante : quoiqu'elle fût embrasée d'un grand amour pour la liberté, qu'elle fixât avec beaucoup de réserve les limites du pouvoir qu'elle accordoit au monarque constitutionnel ; et quoiqu'à l'époque que je vais citer, cette Assemblée nationale n'eût point encore fait les pas rétrogrades qu'on lui a reprochés depuis, elle n'hésita point, dans son décret du 30 mars 1791, à déférer au ci-devant roi la nomination des commissaires de la trésorerie nationale.

Mais ce qui caractérisera sur-tout l'autorité directe et la suprématie réelle que je propose de déférer au Pouvoir exécutif sur la trésorerie nationale, c'est le droit qu'aura le Pouvoir exécutif de nommer les administrateurs du trésor public, et la faculté de les révoquer.

Je ne fais ici aucune différence entre l'administration du trésor public et un ministère quelconque : qu'elle soit entre les mains d'un seul ou de plusieurs, je la considère comme un ministère à part qui alimente tous les autres, et comme une espèce de pivot sur lequel tourne la machine politique. Je n'apperçois dans un Etat constitué que deux pouvoirs, le législatif et l'exécutif (1). Le législatif ne gouverne pas, mais il prescrit seulement la manière dont il faut gouverner, et encore faut-il que les actes du Corps législatif, c'est-à-dire les lois, soient conformes aux principes et aux bases posés par la constitution. Le gouvernement proprement dit consiste, suivant moi, dans l'administration générale de la République : ainsi, le gouvernement réside particulièrement dans le Pouvoir exécutif. Le Corps législatif n'est pas nécessairement dans une activité constante, et il peut quelquefois s'ajourner ou être ajourné, parce qu'il n'y a pas toujours nécessité de faire des lois. Pendant l'ajournement ou la vacance du Corps législatif, très-certainement il ne prend aucune part au gouvernement, et cependant le gouvernement marche toujours : celui-ci est donc indépendant et très-distinct du Pouvoir législatif.

Cette distinction une fois bien établie entre les deux pouvoirs dont on vient de parler, et la ligne

---

(1) Des publicistes ont regardé l'administration de la justice comme un troisième pouvoir, et ils l'ont appelé le *pouvoir judiciaire* ; d'autres, au contraire, ont considéré l'administration de la justice, ou l'*ordre judiciaire*, comme une branche du pouvoir exécutif : je m'abstiendrai de traiter cette question, parce qu'elle est étrangère à mon sujet.

de démarcation étant bien tracée entre les deux sphères du Pouvoir législatif et du Pouvoir exécutif, il s'en suit que tout ce qui tient à l'administration publique, c'est-à-dire tout ce qui concerne l'exécution de la constitution et des lois, tout ce qui exige action et mouvement est nécessairement du ressort du Pouvoir exécutif; tandis que le Corps législatif, constitué uniquement pour exprimer la volonté du peuple sur les matières de législation, est par sa nature incapable de mouvement et d'action. Aussi faudra-t-il en conclure que le Corps législatif ne peut ni ne doit surveiller la marche et les opérations journalières de quelque administration que ce soit : l'expérience a démontré que cette surveillance étoit impossible, et tout-à-fait incompatible avec les fonctions législatives.

C'est d'après ces diverses considérations, que je persiste à croire que désormais l'administration du trésor public, partie intégrante de l'administration générale de la République, ne doit plus être confondue dans l'exercice de la puissance législative, et qu'elle doit rentrer dans le domaine du Pouvoir exécutif.

Mais, me dira-t-on, le Pouvoir exécutif ne peut-il pas abuser de sa puissance et de son empire sur cette administration pour détourner les deniers publics de leur destination légale, pour dilapider la fortune publique, et faire tourner à la ruine de la République ses propres richesses ?

A cela je réponds d'abord qu'il est impossible d'obtenir rien de parfait dans les institutions humaines ; mais j'ajoute que la nation trouvera une garantie contre les entreprises du Pouvoir exécutif sur le trésor public ; 1°. dans les règles fondamentales qui seront établies par la constitution nouvelle, et qui pourront être à-peu-près semblables à celles tracées dans la constitution de l'an 3 ; 2°. dans la responsabilité des administrateurs, assurée par des cautionnemens suffisans; 3°. dans la surveillance des commissaires de la comptabilité nationale qui seront appelés par la constitution à examiner, vérifier et juger toutes les opérations de la trésorerie nationale, et qui seront constitués indépendans du Pouvoir exécutif.

J'ai donc pensé, en ce qui concerne la trésorerie nationale, qu'elle devoit être entièrement sous la dépendance du Pouvoir exécutif, que les administrateurs du trésor public seroient nommés par lui, et qu'il pourroit les révoquer à sa volonté.

Mais quel sera le nombre de ces administrateurs, et quelles fonctions leur attribuera-t-on dans la constitution nouvelle ?

Nombre des administrateurs du trésor public. Quant au nombre, j'observe que, dans le régime monarchique, il a éprouvé des variations. Le trésor public étoit alors sous la direction immédiate du ministre des finances ; mais il fut administré pendant long-temps par des titulaires d'offices, que l'on appeloit *Gardes du trésor royal*; ils étoient au nombre de deux, et ils exerçoient alternativement, l'un pendant les années paires, et l'autre pendant les années impaires. En 1788, par édit de mars, les gardes du trésor royal furent supprimés, et remplacés par cinq administrateurs qui avoient chacun leur département. Ce régime subsista jusqu'au premier juillet 1791, époque à laquelle la trésorerie nationale fut administrée par six commissaires à la nomination du pouvoir exécutif. Après la chûte du trône, l'organisation de la trésorerie resta la même jusqu'à la mise en activité de la constitution de l'an 3. Cette dernière constitution créa cinq commissaires de la trésorerie nationale , mais elle voulut qu'ils fussent nommés par le Corps législatif.

Il faut observer encore qu'avant l'organisation du premier juillet 1791 , il fut établi temporairement un directeur général du trésor public , sans que la création de cet emploi supérieur eût d'ailleurs apporté aucun changement à l'organisation de 1788. Ce directeur général , entièrement subordonné au ministre des finances, ne fut institué alors que pour exercer , à la décharge du ministre , la direction et la surveillance que celui-ci avoit naturellement sur le trésor public.

Cependant le bruit s'est répandu déja que, dans le nouvel ordre constitutionnel , l'administration de la trésorerie nationale seroit confiée à un seul homme , sous le titre de *directeur général du trésor public.* Je ne sais jusqu'à quel point ce bruit peut être fondé ; mais je pense que ce nouvel arrangement seroit sujet à beaucoup d'inconveniens qu'il est aisé de sentir.

Il me semble qu'une foule de considérations se réunissent pour adopter, relativement au trésor public, le même nombre d'administrateurs qui a eu lieu jusqu'à présent depuis 1788 ; il me semble aussi qu'il seroit tout-à-fait inutile de leur adjoindre , soit un directeur général , soit un commissaire du gouvernement près d'eux; 1°. parce que, dans mon plan , le ministre des finances est le directeur né de la trésorerie nationale; 2°. parce que les administrateurs étant nommés par le Pouvoir exécutif, sont eux-mêmes commissaires du gouvernement.

Les cinq administrateurs dont je propose de maintenir le nombre, se partageroient la direction et la surveillance des différens services de la trésorerie nationale, soit suivant la division établie par l'édit de mars 1788, ou celle du premier juillet 1791, soit de telle autre manière que l'on jugeroit plus convenable.

Quant à leurs fonctions et obligations, je n'entreprendrai pas de les détailler ici, et je me bornerai à indiquer les articles 317, 318, 319 et 320 de la constitution de l'an 3, qui, je crois, peuvent également trouver leur place dans celle de l'an 8, sauf peut-être quelques légers changemens ou modifications.

§. I I.

De la comptabilité nationale.

La comptabilité nationale a remplacé et représente aujourd'hui toutes les anciennes chambres des comptes du ci-devant royaume; elle a de plus dans ses attributions toutes celles qui, sous la monarchie, avoient été soustraites à la compétence des chambres des comptes, pour être attribuées au conseil du roi, et à un grand nombre d'autres autorités.

La comptabilité est une autorité centrale et unique, à laquelle viennent aboutir tous les comptes généraux et particuliers des recettes et dépenses publiques, pour y être vérifiés et jugés en dernier ressort. Je dis en dernier ressort,

parce que , dans l'état actuel des choses et suivant l'art. 320 de la constitution de l'an 3 , la
trésorerie nationale étoit le premier degré de
jurisdiction par lequel devoient passer les comptes
des receveurs des contributions directes , des
régies nationales et des payeurs dans les départemens.

Suivant cette même constitution , art. 321 : « Les
» commissaires de la comptabilité nationale sont
» élus par le Corps législatif pour cinq ans, et
» renouvellés par cinquième tous les ans ; le
» commissaire sortant peut être réélu sans in-
» tervalle et indéfiniment. »

Les articles 322 et 323 déterminent les fonctions et attributions de la comptabilité nationale.

Le premier s'exprime ainsi : « Le compte gé-
» néral des recettes et des dépenses de la Répu-
» blique , appuyé des comptes particuliers et des
» pièces justificatives , est présenté par les com-
» missaires de la trésorerie aux commissaires de
» la comptabilité , qui le vérifient et l'arrêtent. »

Et l'art. 323 est ainsi conçu : « Les commissaires
» de la comptabilité donnent connoissance au
» Corps législatif des abus , malversations et de
» tous les cas de responsabilité qu'il découvrent
» dans le cours de leurs opérations : ils propo-
» sent dans leur partie les mesures convenables
» aux intérêts de la République. »

C'en est assez pour définir et caractériser la
comptabilité nationale ; on voit que malgré ses
rapports et ses liaisons immédiates avec la trésorerie nationale , elle diffère essentiellement de
cette administration. Celle-ci administre , en ce
qu'elle recueille l'universalité des deniers publics ,

et qu'elle les répand ensuite , par une multitude de canaux divers, pour acquitter les dépenses de l'Etat. L'autre , au contraire, n'administre rien , mais elle est préposée pour juger de l'emploi des deniers publics. La comptabilité nationale est une espèce de tribunal qui exerce le pouvoir judiciaire dans la partie qui lui est propre , et avec des formes qui lui sont particulières. Il ne faut pas croire cependant que ces formes soient les mêmes qui étoient usitées dans le régime monarchique : elles ont été considérablement changées , simplifiées et perfectionnées. La manière actuelle de procéder en comptabilité , tient beaucoup plus des formes administratives , que des formes judiciaires ; et cet établissement est du très - petit nombre de ceux qui , malgré les vicissitudes et les secousses révolutionnaires , se sont élevés insensiblement à une consistance et à un degré de vigueur , qu'on rencontre rarement dans les autres établissemens publics. La comptabilité nationale doit cet avantage sur - tout à ce qu'elle s'est trouvée par hasard exempte des mouvemens révolutionnaires et convulsifs qui ont tour à tour et constamment desorganisé tant d'autres parties du gouvernement. Organisée constitutionnellement en brumaire an 4, les membres qui la composent et qui la régissent , sont toujours restés les mêmes , parce qu'apparemment ils n'ont cessé de mériter la confiance du Corps législatif (1). C'est dans cet heureux concours de cir-

---

(1) Les rapports des commissions de surveillance de la comptabilité nationale , faits au Corps législatif dans les années 5 , 6 et 7 , en rendant compte des travaux des commissaires , attestent leur zèle , leurs efforts et leurs succès.

constances, c'est au milieu du calme dont ils jouissoient, que les commissaires de la comptabilité nationale sont parvenus à obtenir une législation nouvelle qui, après avoir produit des résultats très - importans sur la comptabilité ancienne, a frayé la route et facilité les voies pour entreprendre et poursuivre la comptabilité nouvelle.

Si, d'après ce qui vient d'être dit, la comptabilité nationale n'est point, à proprement parler, *une administration* dans le sens que l'on donne ordinairement à ce mot ; si, au contraire, elle doit être considérée plutôt comme un tribunal chargé de juger la gestion des comptables et de tous ceux qui ont administré la fortune publique ; il faut convenir que les principes que l'on a fait valoir relativement à la trésorerie nationale, ne sont point applicables à la comptabilité. Celle - ci tient un état mixte entre les fonctions administratives et les fonctions judiciaires ; mais, sous aucun rapport, elle ne sauroit être mise sous la dépendance du pouvoir exécutif. Quand bien même la comptabilité nationale pourroit être considérée comme appartenante au genre administratif, il seroit indispensable de la déclarer indépendante du pouvoir exécutif ; 1°. parce que déja la trésorerie nationale, dans le plan que je propose, étant entièrement subordonnée à celui-ci, il seroit évidemment abusif de lui subordonner encore l'autorité destinée à vérifier et juger les comptes du trésor public ; 2°. parce qu'il importe de donner à la nation une garantie suffisante contre les abus de pouvoir que la puissance exécutive pourroit se permettre envers la trésorerie nationale, et que

La comptabilité nationale doit être indépendante du pouvoir exécutif.

cette garantie se trouve principalement dans l'indépendance de la comptabilité nationale ; 3°. enfin,
parce qu'il importe également que les ministres
qui, comme ordonnateurs, disposent, chacun
dans leur partie, de la fortune publique, apper-
çoivent sans cesse dans les membres de la comptabilité des juges équitables, mais sévères, dont
la censure s'exerce librement et sans aucune
crainte.

Si, d'un autre côté, la comptabilité nationale
étoit assimilée à une cour de justice, à un tribunal supérieur, la nécessité de la rendre indépendante seroit encore mieux sentie, parce que
la liberté et l'indépendance sont des attributs
essentiels des fonctions judiciaires.

Cependant il ne faut pas laisser d'équivoques
sur la liberté et l'indépendance que je réclame
pour la comptabilité nationale : je les fais consister,
1°. en ce que les membres de la comptabilité
dirigeront eux-mêmes leurs travaux pleinement
et librement, sous leur responsabilité, sans que
le pouvoir exécutif puisse y interposer son autorité, soit pour en changer l'ordre et la marche,
soit pour confirmer ou infirmer les décisions et
arrêtés des membres de la comptabilité ; 2°. en
ce que les commissaires de la comptabilité nationale, pendant la durée de leurs fonctions, ne
pourront être suspendus ni destitués par le pouvoir exécutif, sauf, en cas d'abus ou forfaiture,
à les dénoncer aux autorités compétentes.

Mais je conviens en même temps que la responsabilité de ces commissaires ne doit pas être
un vain mot. Si, comme je l'ai observé déjà à
l'égard des commissaires de la trésorerie nationale, le Corps législatif ne peut pas plus sur-

veiller une administration quelconque, qu'il ne surveille les tribunaux, il faut néanmoins que cette surveillance ait lieu, et je pense qu'elle appartient au pouvoir exécutif. De même qu'il exerce sa surveillance près les administrations et près les tribunaux par le moyen de ses commissaires, de même aussi il doit l'exercer sur la comptabilité nationale par un commissaire qu'il nommera et qu'il établira près d'elle. Ainsi ce sera le pouvoir exécutif qui remplacera à cet égard les commissions de surveillance du Corps législatif ; mais avec cette différence que le mode que je propose sera, je pense, plus efficace et plus conforme à la nature des choses.

Création d'un commissaire du Gouvernement près la comptabilité nationale

Les fonctions du commissaire du Pouvoir exécutif près la comptabilité nationale, seront les mêmes que celles des autres commissaires du gouvernement près les administrations et près les tribunaux, en tout ce qui sera compatible avec les fonctions et attributions de la comptabilité.

L'établissement de ce commissaire près la comptabilité nationale ne nuit point à son indépendance, mais il garantit l'observation des lois ; il rassure contre les abus qui pourroient se glisser dans une administration trop isolée, et séparée, pour ainsi dire, du gouvernement.

J'ai donc établi que la comptabilité nationale ne devoit pas être dans la dépendance du Pouvoir exécutif, mais j'ai proposé en même-temps que celui-ci nommât un commissaire près d'elle, soit pour concourir à ses travaux, soit pour surveiller ses opérations. Examinons maintenant par qui seront nommés les commissaires de la comptabilité nationale, quel en sera le nombre et quelle sera la durée de leurs fonctions.

Nomina-
tion des
commissai-
res de la
comptabili-
té.

Si je me fusse senti un esprit assez vaste et des lumières suffisantes pour entreprendre le plan d'une constitution nouvelle, j'aurois, dans le classement des différentes fonctions publiques, distingué celles électives, d'avec celles que j'aurois laissées à la nomination du Pouvoir exécutif; et j'aurois coordonné les unes et les autres suivant leur nature et suivant les bases du plan que j'aurois conçu. J'aurois examiné en même-temps si le Corps législatif devoit, comme dans la constitution de l'an 3, exercer des fonctions électorales, soit pour les membres du Pouvoir exécutif, soit pour quelques autres autorités ou administrations publiques.

- Mais resserré dans les limites que je me suis tracées moi-même, et ne connoissant nullement ni les bases, ni les détails du plan de constitution qui pourra être adopté, je me trouve dans la nécessité d'errer au hasard, sans guide ni boussole.

- De tout ce que j'ai dit jusqu'à présent sur la liberté et l'indépendance des commissaires de la comptabilité nationale, on peut naturellement en induire qu'ils ne doivent pas être nommés par le Pouvoir exécutif : ils ne sauroient l'être non plus par les assemblées électorales de départemens; une foule de motifs que je puis me dispenser, je crois, de rapporter ici, se réunissent pour repousser ce mode. Il faut donc s'en tenir à celui établi par la constitution de l'an 3, c'est-à-dire que les commissaires de la comptabilité nationale soient élus par le Corps législatif; sur-tout si, dans la constitution nouvelle, le Corps législatif nomme les membres du Pouvoir exécutif. Si au contraire les fonctions électorales étoient jugées incompatibles avec les fonctions législatives, et que l'on établît un nouveau mode d'élection pour le Pouvoir exécutif, je pense qu'il devroit s'appliquer aux commissaires de la comptabilité nationale, quelque distance qu'il y ait d'ailleurs entre eux et les membres du Pouvoir exécutif.

Enfin, je ne présume pas que l'on ait l'intention de déférer au pouvoir exécutif la nomination des commissaires de la comptabilité ; mais, dans cette hypothèse, il seroit au moins indispensable qu'ils ne pussent être ni révoqués, ni destitués, ni même suspendus par lui ; il faudroit, en un mot, qu'ils fussent inamovibles, afin que du moment de leur installation, ils pussent jouir de toute la liberté et de l'indépendance qu'exige la nature de leurs fonctions.

Quel sera le nombre des commissaires de la comptabilité nationale ? Il a été fixé à cinq par la constitution de l'an 3, et il est impossible de le diminuer dans le nouvel ordre constitutionnel. Sans entrer dans des détails fastidieux sur le genre et le mode des travaux de la comptabilité, j'observerai pourtant qu'indépendamment d'une correspondance journalière et très-étendue, dirigée par les commissaires ; qu'indépendamment encore de la surveillance, de l'impulsion et du mouvement qu'ils sont obligés de donner, chacun dans leur département, aux travaux de la vérification et à l'instruction des affaires, ils sont obligés de se réunir tous les jours en comité, pour entendre les rapports préparés sur les comptes dont l'examen leur est confié. C'est-là sur-tout qu'ils exercent la plénitude de leurs pouvoirs, en prenant des arrêtés provisoires ou définitifs sur la gestion des comptables. Ces arrêtés sont de

Nombre des commissaires de la comptabilité.

Ils est de cinq : on propose de le porter à sept.

De la trésorerie nationale, etc. B

véritables jugemens en dernier ressort, qui, aux termes des lois, sont exécutoires, et ne peuvent être réformés ni par les tribunaux, ni par la puissance exécutive. Enfin, c'est dans le cours de ces opérations qu'ils relèvent les abus, malversations et cas de responsabilité, de quelque source qu'ils viennent, et qu'ils les dénoncent, soit au Corps législatif, soit au Pouvoir exécutif.

D'après cette esquisse des fonctions des commissaires de la comptabilité nationale, on jugera aisément que cet établissement, par sa nature, se refuse non-seulement à la direction d'un seul individu, comme quelques hommes en ont eu déjà la pensée; mais encore qu'il exige au moins le même nombre de membres qui existe aujourd'hui.

Mais j'ajouterai qu'eu égard à ce qui reste à faire de la *comptabilité ancienne*, joint à la masse de la *comptabilité intermédiaire* et à celle de la *comptabilité constitutionnelle*, il seroit à desirer que le nombre des commissaires de la comptabilité fût porté à sept. Par ce moyen, ils pourroient se partager en deux sections, composées chacune au moins de trois membres; et ces deux sections, alimentées par un nombre suffisant de collaborateurs, fourniroient nécessairement des résultats plus nombreux et plus abondans qu'une seule section. Conséquemment la marche des travaux seroit beaucoup plus rapide; et on atteindroit beaucoup plutôt une foule de comptables qui, à la faveur d'éternels retards, espèrent échapper aux restitutions qu'ils doivent. Mais la division de la comptabilité en deux sections, exigera que le commissaire du gouvernement soit aidé et secondé par un substitut.

Quelle sera la durée des fonctions des commissaires de la comptabilité nationale ? Elle avoit été fixée à cinq ans par la constitution de l'an 3 : l'un d'eux étoit renouvellé tous les ans ; mais le commissaire sortant pouvoit être réélu sans intervalle et indéfiniment. Ces dispositions me paroissent si sages que je ne crois pas devoir y proposer aucun changement ; je conçois néanmoins qu'elles doivent être subordonnées au système général qui sera établi par la constitution nouvelle, sur la durée des fonctions publiques, et sur les réélections (1).

Il ne me reste plus à traiter que les fonctions et attributions qui seront données à la comptabilité nationale par la constitution de l'an 8 : elles paroissent devoir être essentiellement les mêmes que celles exprimées dans la constitution de l'an 3 ; mais elles sont peut-être susceptibles d'une rédaction différente, et de quelques légers changemens et additions.

Comme, dans ce qui précède, je crois en avoir dit assez pour faire connoître les fonctions et attributions constitutionnelles de la comptabilité nationale ; que les changemens ou additions dont je viens de parler, ne sont pas assez importans pour exiger aucuns développemens, et qu'enfin les différentes propositions que j'ai faites, tant pour la trésorerie nationale, que pour la comptabilité, sont classées de manière qu'elles n'ont

Durée de fonctions des commissaires de la comptabilité nationale

Fonctions et attributions constitutionnelles de la comptabilité.

_____

(1) Si, dans la constitution de l'an 8, les fonctions des administrateurs, des juges et des représentans du peuple devoient durer plus de cinq ans, celles des commissaires de la comptabilité nationale seroient sans doute soumises à la même règle.

pas besoin d'être résumées ; je vais terminer cet écrit par un projet d'articles constitutionnels, conforme à mes propositions.

PROJET D'ARTICLES

*A insérer dans la constitution de l'an 8,
sur le Trésor public et sur la Comptabilité
nationale.*

TRÉSOR PUBLIC.

ARTICLE PREMIER.

Le trésor public est sous la surveillance et la direction du Pouvoir exécutif.

Il est administré par cinq agens responsables : ces agens sont nommés par le Pouvoir exécutif pour un temps indéfini, et peuvent être révoqués par lui, quand il le juge convenable. (1)

II.

Les administrateurs du trésor public sont chargés d'activer et d'assurer (2) la recette de tous les deniers nationaux ;

---

(1) Cet article remplace les articles 315 et 316 de la constitution de l'an 3.

(2) Dans la constitution de l'an 3, la trésorerie nationale

D'ordonner les mouvemens de fonds et le paiement de toutes les dépenses publiques, consen-
ties par le Corps législatif;

De tenir un compte ouvert de dépense et de
recette avec le receveur des contributions directes
de chaque département, avec les différentes régies nationales, et avec les payeurs qui seroient
établis aux départemens et aux armées;

D'entretenir avec lesdits receveurs et payeurs,
avec les régies et administrations, la correspondance nécessaire pour assurer la rentrée exacte et
regulière des fonds.

I I I.

Ils ne peuvent rien faire payer, sous peine de
forfaiture, qu'en vertu :

étoit chargée de *surveiller* : dans mon plan, c'est le Pouvoir
exécutif, c'est-à-dire le ministre des finances, qui surveille
et qui dirige; les administrateurs du trésor public activent
et assurent. Cependant je n'entends pas, par *assurer*, garantir
les deniers, mais seulement employer des moyens efficaces
pour les faire arriver au trésor public.

Au reste, on vient, pour *assurer* les différens services
de la République, et pour réaliser d'avance, en quelque
sorte, les produits des contributions directes, d'exiger des
receveurs, des obligations à termes successifs, et des cautionnemens en deniers; on a aussi remplacé une agence très-
dispendieuse et mal organisée, par des directions plus actives
et plus économiques. Quoiques ces mesures ne soient pas
d'une invention nouvelle, elles n'en sont pas moins louables;
et elles prouvent qu'on a aujourd'hui le bon esprit de revenir
à quelques vieilles coutumes, lorsqu'elles sont évidemment
bonnes, et qu'elles ne blessent pas les principes et les formes
du régime républicain.

1º. D'un décret du Corps législatif, et jusqu'à concurrence des fonds décrétés sur chaque objet;

2º. D'une décision du Pouvoir exécutif;

3º. De la signature du ministre qui ordonne la dépense.

I V.

Ils ne peuvent aussi, sous peine de forfaiture, approuver aucun paiement, si le mandat signé par le ministre que ce genre de dépense concerne n'énonce pas la date, tant de la décision du Pouvoir exécutif que des décrets du Corps législatif qui autorisent le paiement. (1)

V.

Les caissiers et payeurs principaux établis dans le sein de la trésorerie nationale, les receveurs des contributions directes dans chaque département, les différentes régies ou fermes nationales, et les payeurs dans les départemens et aux armées rendent, à la fin de chaque exercice, leurs comptes respectifs aux administrateurs du trésor public, qui les vérifient et les arrêtent provisoirement (2).

---

(1) Cet article et les deux qui précèdent sont conformes aux articles 317, 318 et 319 de la constitution de l'an 3; j'ai pensé qu'ils devoient être conservés, et je ne les ai trouvés susceptibles d'aucun autre changement que celui que j'ai noté sur le premier de ces trois articles.

(2) On appercevra dans cet article, qui remplace l'article 320 de la constitution de l'an 3, quelques légers changemens qui n'ont pas besoin d'être motivés.

V I.

Les administrateurs du trésor public présentent à la comptabilité nationale, dans la forme et dans les délais déterminés par la loi, le compte général des recettes et des dépenses de la République, appuyé des comptes particuliers et des pièces justificatives.

Ce compte général est rendu pour chaque exercice, et il a spécialement pour objet la justification de l'entrée et de la sortie des fonds du trésor public (1).

COMPTABILITÉ NATIONALE.

ARTICLE PREMIER.

La comptabilité nationale est chargée de vérifier et d'arrêter définitivement, 1º. le compte général qui lui est présenté par les administrateurs du trésor public ;

2º. Les comptes particuliers, tant en deniers qu'en matières, justificatifs de l'emploi des fonds délivrés sur les mandats des divers ordonnateurs pour les différentes parties du service public, après toutefois que ces comptes particuliers ont été vérifiés et arrêtés provisoirement par les ministres, chacun en ce qui les concerne (2).

---

(1) La seconde disposition de cet article, qui n'existoit pas dans la constitution de l'an 3, se trouve expliquée dans la note sur l'article qui suit.

(2) On distingue ici le compte général du trésor public,

I I.

Les tribunaux, ainsi que les corps administratifs, ne peuvent s'immiscer dans les attributions
de la comptabilité nationale, ni suspendre l'exécution des décisions et arrêtés émanés d'elle en matière de comptes.

En cas d'abus, le Pouvoir exécutif, ou les parties
lésées, dénoncent au Corps législatif, qui statue.

I I I.

Il y a sept commissaires de la comptabilité nationale (1). . . . .
. . . .

Nota. On laisse ici une lacune pour leur élection
ou nomination, la durée de leurs fonctions, leur
réélection ou renouvellement.

---

d'avec les comptes justificatifs d'emploi : l'un n'est qu'un
compte de deniers, et ne présente que l'entrée et la sortie
des fonds ; les autres sont pour la plupart des comptes de
matières. Ceux-ci doivent naturellement être vérifiés et arrêtés
par les ministres sous la surveillance desquels sont placées
les parties prenantes ; et ce seroit se jeter dans un labyrinthe inextricable, comme on l'a éprouvé déjà, que de vouloir les soumettre à la vérification de la trésorerie nationale.
Ce que l'on propose ici, n'est, au reste, que le vœu
déja exprimé dans un rapport fait par le citoyen Poullain-
Grandprey, au nom de plusieurs commissions réunies du
Conseil des Cinq-Cents, à la séance du 14 vendémiaire an 8 :
ce rapport jette le plus grand jour sur les principes et les
matières de comptabilité.

(1) J'ai conservé aux membres de la comptabilité la même
dénomination que dans la constitution de l'an 3, parce que
je n'ai pas trouvé de motif pour changer cette dénomination.

I V.

La comptabilité nationale se divise en deux sections, composées chacune au moins de trois membres.

V.

Le Pouvoir exécutif surveille les travaux de la comptabilité nationale, et il y assure l'exécution des lois par un (ou deux) commissaires établis près d'elle, qu'il nomme, et qu'il peut révoquer lorsqu'il le juge convenable.

V I.

Le Pouvoir exécutif ne peut suspendre ni destituer les membres de la comptabilité nationale ; ils peuvent l'être par le Corps législatif.

V I I.

Les commissaires de la comptabilité donnent connoissance, soit au Corps législatif, soit au Pouvoir exécutif, des abus, malversations, et de tous les cas de responsabilité qu'ils découvrent dans le cours de leurs opérations ; ils proposent, dans leur partie, les mesures convenables aux intérêts de la République.

V I I I.

Le résultat des comptes arrêtés par les commissaires de la comptabilité nationale est adressé cha-

4

que année au Corps législatif et au Pouvoir exécutif ; il est imprimé et rendu public (1).

(1) Si l'on compare les articles de la constitution de l'an 3 qui concernent la comptabilité avec ceux que je propose, on verra qu'en conservant la substance des premiers, j'en ai changé l'ordre, et que j'y ai fait des additions considérables, dont les motifs se trouvent suffisamment développés dans le discours qui précède mon projet d'articles.

Paris, ce 8 frimaire an 8 de la République française, une et indivisible.

Signé, GOUSSARD.

BAUDOUIN, Imprimeur du Corps législatif, place du Carrousel, N°. 662.

www.ingramcontent.com/pod-product-compliance
Lightning Source LLC
Chambersburg PA
CBHW070146200326
41520CB00018B/5325